평범한 우리 어린이들을 다음 세대
위인으로 만들어 줄 교과서 위인 이야기!
효리원의 교과서 위인 이야기는 초등학교
교과 과정에 나오는 국내외 위인들을, 우리나라
최고 아동 문학가 53인이 재미있게 동화로 구성했습니다.
지혜와 용기로 위대한 삶을 산 위인들의 이야기는,
어린이들의 마음속에 '나도 할 수 있다.'는
희망의 씨앗을 심어 줄 것입니다!

일러두기

1. 띄어쓰기와 맞춤법 : 초등학교 국어 교과서와 국립국어원의『표준국어대사전』을 기준으로 하였습니다.
2. 외래어 지명과 인명 : 국립국어원의『외래어 표기 용례집』을 기준으로 하였습니다.
3. 이해가 어려운 단어 : (　) 안에 뜻풀이를 하였습니다.
4. 작가 연보 : 연도와 함께 나이를 표기하고, 업적을 간략히 소개하였습니다. 우리나라 위인은 태어난 해를 한 살로 하였고, 외국 위인은 만 나이를 한 살로 하였습니다. 정확한 자료가 없는 위인은 연도와 업적만을 나타냈습니다.
5. 내용 구성 : 위인의 삶은 역사적 자료를 바탕으로 최대한 사실적으로 구성하였습니다. 그러나 읽는 재미를 위해 대화 글이나 배경 묘사, 인물의 감정 표현 등에 작가의 상상력을 가미하였습니다.
6. 그림 구성 : 문헌을 바탕으로 위인이 살던 시대를 충실히 나타내도록 하되 복식의 색상이나 장식, 소품, 건물 등은 작가의 상상으로 그렸습니다.
7. 내용 감수 : 각 분야의 전문가들로 구성된 편집 위원들이 꼼꼼히 감수를 하였습니다.

편집 위원

김용만(우리역사문화연구소장)
교과서에서 만나는 위인들을 중심으로 일화와 함께 그림과 사진을 곁들여 지루하지 않게 읽을 수 있습니다. 술술 읽다 보면 학교 공부에도 많은 도움이 될 것입니다.

신현득(동시인, 전 새싹회 회장)
우리가 자주 듣고 접하는 역사 속 실존 인물들이 자신의 꿈을 이루기 위해 어떻게 노력했는지 깨달아 가면서 우리 어린이들은 한층 더 성숙해질 것입니다.

윤재운(동북아역사재단 연구 위원)
위인전을 읽으면서 어린이들은 시대를 넘어 간접 체험을 할 수 있습니다. 어떻게 살아야 하는지 인생에 대한 동기 부여와 함께 삶이 보다 풍요로워질 것입니다.

이은경(철학 박사, 전북과학대 유아교육학과 교수)
한 사람의 인격과 품성은 어릴 때 형성됩니다. 따라서 초등학교 저학년 때 어떤 책을 읽느냐에 따라 생각의 크기가 달라집니다. 어린이의 미래를 위해 이 책은 꼭 읽어야 합니다.

이창열(하버드 대학교 물리학 박사, 전 국가과학기술자문회의 전문 위원)
세상을 바꾼 위대한 인물의 이야기는 어린이의 인성 및 감성 발달에 큰 영향을 미칠 뿐 아니라 실험 정신과 개척 정신을 길러 줍니다. 용기와 지혜로 세상을 헤쳐 나가는 당당한 어린이를 꿈꾼다면 이 책은 꼭 한번 읽어 보아야 합니다.

정재도(한글학자)
위인으로 일컬어지는 이들은 어떤 생각을 하고, 어떤 삶을 살았을까요? 그들의 흔적을 담은 위인전은 복잡한 현대를 이끌어 갈 우리 어린이들에게 나침반과 같은 역할을 할 것입니다.

조수철(서울대학교 의과대학 소아정신과 교수)
위인전은 시대와 신분, 업적이 다른 위인들의 삶이 다양하고 흥미롭게 구성되어 있어 손쉽게 여러 삶의 모습을 만날 수 있습니다. 용기 있게 고난을 헤쳐 나간 위인의 이야기를 통해 삶의 지혜를 배울 수 있을 것입니다.

전위적이고 실험적인
공연과 전시의 선구자

백남준

권영상 글 / 강우권 그림

효리원
hyoreewon.com

이 책을 읽는 학부모님과 선생님께

어찌 보면 전기는 한 편의 '만남의 이야기'입니다. 그처럼 사람은 태어나 많은 이들을 만나며 살아갑니다. 그런데 어떤 사람을 만나느냐에 따라 어떤 이들은 놀랍도록 자기 자신을 변모시켜 갑니다. 그래서 때로는 위대한 인물이 되기도 하지요.

이 글에 나오는 백남준의 일생도 그렇습니다. 그는 피아노 연주를 좋아하던 누이 백희득을 만납니다. 그때부터 음악에 눈을 떠 그의 일생에서 빼놓을 수 없는 두 스승을 만납니다. 그에게 피아노와 작곡의 기초를 가르쳐 준 신재덕과 독일에서 만난 존 케이지입니다. 어쩌면 백남준의 초기 예술은 이분들을 뛰어넘기 위한 노력일지 모릅니다.

일본 유학 시절에는 구타이 그룹의 전위 예술에 심취했고, 독일로 간 백남준은 유럽 젊은 음악가들이 모여드는 '다름슈타트 코스'에서 그의 두 번째 스승, 존 케이지를 만납니다. '존 케이지에게 보내는 경의'는 그 무렵에 만들어진 작품으로 단번에 유럽 예술계의 주목을 받게 됩니다. 이어 반예술적이고 실험적인 플럭서스 활동에서 백남준은 음악가로서 뿐아니라 기획자로서의 능력도 인정받게 됩니다.

미국 국적을 가진 뒤부터는 텔레비전이나 폐쇄 회로 비디오 아트에 전념했습니다. 그의 예술 행위는 극히 즉흥적이어서 이해가 어렵기도 하고, 그래서 또 흥미롭기도 합니다.

머리말

안녕하세요?

여러분 중에 과천 국립현대미술관에 가 본 친구가 있을 테지요? 미술관 입구에 들어서면 가장 먼저 만나는 비디오 작품이 있지요. 1,003개의 텔레비전 화면으로 탑을 쌓듯 쌓아 올린 '다다익선'입니다. 미술책에서도 종종 만나는 작품이지요.

그 작품이 바로 세계적인 비디오 아티스트 백남준 선생님이 만든 것입니다. 백남준 선생님은 우리나라에서 태어나 일본, 독일, 미국 등지에서 활동한 현대 미술가입니다.

우리 이제 그분을 만나러 가요.

글쓴이 권영상

차 례

굿모닝 미스터 오웰

“여러분, 안녕하세요? 1984년 새해 첫날, 사회를 맡은 블럼톤입니다.”

백남준의 세계 최초 생방송 위성 쇼가 시작되는 순간입니다. 이 공연은 뉴욕, 도쿄, 파리, 서울에서 동시에 전 세계로 보내집니다.

“봉주르, 빌레르 씨!”

블럼톤이 파리 퐁피두 센터를 부릅니다.

구레나룻이 긴 빌레르가 포도주 잔을 들고 나옵니다.

84
S·F
N·Y
PARIS·
NY
PARIS
1984
GOOD MORNING MR ORWELL

"새해를 위하여!"

블럼톤은 빌레르와 건배를 합니다.

빌레르가 프랑스 인기 가수 사포를 소개합니다.

텔레비전 화면 가득 사포의 얼굴이 잡힙니다. 누가 장난을 치나 봅니다. 얼굴이 작아지더니 커지고, 노래는 빨라지더니 한없이 느려집니다. 그러더니 슉, 사라집니다.

사포의 얼굴 둘레 화면에 길거리 공연 모습이 나타납니다. 누군가 다른 이의 어깨를 밟고 공중제비를 하더니 손을 잡고 춤을 춥니다.

텔레비전을 통해 지금 우리가 보는 이 모습은 늘 보는 텔레비전이 아닙니다. 텔레비전이라는 스케치북에 백남준이 말하고 노래하는 그림을 그리고 있는 중입니다.

그 누구도 이런 예술을 꿈꾸어 본 적이 없습니다.

이 예술은 2만 2천 킬로미터나 떨어진 우주에서 궤도를 따라 돌아가는 위성 덕분입니다.

"다음은 존 케이지를 여러분 앞에 소개합니다."

TV 첼로 | 1992년 7월, 회고전에서 자신의 작품 「TV 첼로」를 설명하고 있는 백남준의 모습입니다.

비디오 아트, 「거북」 | 세계적인 비디오 아티스트 백남준의 작품 「거북」입니다.

세계적인 예술가 존 케이지가 악기 앞에 앉아 연주를 합니다. 그는 손이 아닌 뾰족한 깃털로 악기를 긁어 댑니다.

다다다다, 두두두두…….

깃털 끝에서 야릇한 '소리'가 튀어나옵니다.

이쪽 무대에선 피아니스트 두 명이 피아노 연주를 합니다. 느린 곰처럼 피아노 밑을 슬슬 기어 다닙니다.

이게 연주입니다.

옷자락 끌리는 소리, 피아노에 머리 부딪히는 소리, 마루에 구두 긁히는 소리, 악기를 긁어 대는 소리…….

“존 케이지와 두 대의 피아노 연주는 너무나 훌륭하고, 신비롭기까지 하군요.”

블럼톤이 어깨를 으쓱해 보입니다.

이 공연이 백남준의「굿모닝 미스터 오웰」입니다.

오웰은 소설『1984』에서 텔레비전은 한 가지 생각으로 사람을 지배할 것이라고 말했습니다. 그의 틀린 생각을 지금 백남준이 날려 버리는 중입니다.

오후 6시, 온 가족이 텔레비전 앞에 앉아 오순도순 저녁 식사를 할 때입니다. 그 시각 세계 사람들은 사람을 감시하는 텔레비전이 아니라 비디오 아트의 거장 백남준의 예술을 만나고 있었습니다.

대한민국 서울에서 태어나다

백남준은 1932년 7월 20일 서울 종로구에서 태어났습니다. 아버지는 이름난 부자로, 태창섬유회사를 운영하였습니다. 창신동에 있던 부유한 백남준의 집은 마당이 넓었습니다. 뒤란엔 동산이 있어 뛰어놀기 좋았습니다.

그는 명동에 있는 유치원에 다녔습니다.

유치원에 다니던 어느 날입니다.

"아빠, 저도 피아노를 배우고 싶어요."

피아노 레슨을 받는 누나가 부러워 백남준은 아버지를 졸랐

습니다.

“피아노는 여자들이나 치는 거란다.”

아버지는 백남준이 자신의 뒤를 이어 가기 바랐습니다.

그러나 그 후, 중학교에 들어간 백남준이 다시 피아노 이야기를 꺼냈습니다. 한번 마음먹은 생각은 누구도 꺾을 수 없었습니다.

결국 누나는 피아노를 가르쳐 주실 선생님을 모셔왔습니다. 일본에서 공부를 하고 온 신재덕 선생님입니다. 백남준에게 처음으로 피아노를 가르쳐 주신 분입니다.

“연습할 땐 가르쳐 주는 대로 따라 치는 거란다.”

선생님은 백남준과 가끔 실랑이를 했습니다.

“아뇨, 따라 치는 건 바보라고요. 저는 느낌이 가는 대로 칠 거예요.”

“뭐, 뭐라고?”

백남준은 분명 다른 아이들과 달랐습니다.

처음에는 악보대로 치지만 순간순간 느낌이 오면 그 느낌대로 피아노를 쳤습니다. 그랬지만 선생님은 그런 백남준을 더는 나무라지 않았습니다. 오히려 그의 창의적 재능을 칭찬했습니다.

그 후, 열다섯 살 때입니다.

"세상에 이런 음악가가 있다니!"

악보를 뒤적이던 백남준은 눈을 번쩍 떴습니다.

여태껏 보아 오던 악보와 너무 달랐습니다. 화음을 쓰는 대신 화음과 거리가 먼 음들이 들어와 있었습니다.

백남준은 악보대로 피아노를 쳐 보았습니다. 낯설고 시끄럽긴 해도 이전 음악가들이 쓴 악보와는 느낌이 분명히 달랐습니다.

백남준은 너무도 기뻐 무릎을 탁, 쳤습니다.

"쇤베르크를 나의 스승으로 삼겠어!"

쇤베르크는 오스트리아 출신의 미국 작곡가였습니다.

백남준은 사람들이 좋아하는, 귀에 익은 음악보다 시끄러워도 새로운 음악이 더 좋았습니다. 그때 이미 백남준은 아직 누

구도 가지 않은 새로운 길을 가고 있었던 것입니다.

백남준은 음악 공부를 위해 1952년 일본으로 건너갔습니다. 거기서 미술과 음악을 함께

공부하였습니다. 오랫동안 굳어진 예술의 형식이란 별 의미 없는 것이며 중요한 건 '있는 그대로'라는 것이 일본에서 체득한 공부였습니다.

피아노, 무대에서 쫓겨나다

일본에서 대학을 마친 백남준은 독일로 갔습니다. 거기에서 미국의 음악가 존 케이지를 직접 만나게 되었습니다. 존 케이지는 미국은 물론 유럽에서도 인기가 높았습니다. 존 케이지의 연주를 본 백남준은 생각이 많아졌습니다.

'대체 음악이란 뭘까?'

'시끄러운 소음은 왜 음악이 되지 못할까?'

고민하던 백남준의 머리에 번개같이 스치는 것이 있었습니다.

"그냥 귀로 듣기만 하는 음악이 아니라 보여 주는 연주회를 열어 보자."

백남준은 시끄러운 소음도 당당한 음악이 됨을 보여 주고 싶었습니다. 연주회는 '존 케이지에게 보내는 경의'였습니다.

1959년 백남준의 나이 28살, 생애 첫 연주회였습니다.

백남준을 좋아하는 친구들이 모였습니다. 백남준을 도와주는 분들도 모두 모였습니다.

첫 공연이라 백남준은 마음이 설레었습니다. 더구나 그곳은 고국도 아닌 머나먼 유럽 독일이었습니다.

드디어 공연이 시작되었습니다. 청중들은 숨을 멈추고 연주를 기다렸습니다.

그런데 난데없이 무대 위에 놓인 커다란 스피커에서 라디오 뉴스가 튀어나옵니다. 전화번호 알려주는 소리도 나오고, 장난감 던지는 소리도 나오고, 축구 중계방송도 나옵니다. 그것들은 조각보처럼 조각조각 뜯어 맞춘 잡음에 가까운 소리들이었습니다.

Tel:323-3571
IN DER GALERIE IM PRIVATHAUS
Projekt kei
die bereits im Titel sei
Überga
Tel: 7
-7898-0982
STUN
EN ABE
DS
Z Z Z----

Öffnungszeiten
41-5832-9043
der Musik zum elektronischen
zehn geöffneten Ereignis

라디오가 꺼지자, 무대 위에 백남준이 나왔습니다.

피아노 연주를 시작했습니다. 손이 아니라 이마로, 손이 아니라 팔꿈치로, 어깨로 연주를 했습니다. 청중들은 아직 한 번도 보지 못한 이 놀라운 연주에 입을 벌렸습니다.

"이놈의 피아노를 쫓아내야 해!"

백남준은 벌떡 일어나 피아노 건반을 쥐어뜯었습니다. 피아노 줄을 뽑았습니다. 그러더니 피아노를 무대 끝으로 밀고 가 확 밀어 버렸습니다. 피아노가 무대 밖에 나가떨어졌습니다.

"콰다다다당!"

피아노 박살 나는 소리가 연주회장을 울렸습니다.

"무슨 음악회가 이렇담!"

"하하하, 잘난 체하던 피아노가 찬밥처럼 쫓겨나는구먼!"

청중들은 박수를 보냈습니다.

이날 음악회는 옛날식 음악회가 아니었습니다. 굴러떨어진 피아노 소리, 라디오 소리, 손뼉 치며 놀라던 청중들 목소리, 백남준이 보여 준 몸짓이 모두 모여 만들어 낸 음악회였습니다.

공연 소식은 곧 독일 신문에 크게 보도되었고, 독일 예술계에 큰 충격을 안겨 주었습니다.

백남준은 무대 위에서 행세하던 피아노를 이렇게 무대 밖으로 밀어냈습니다.

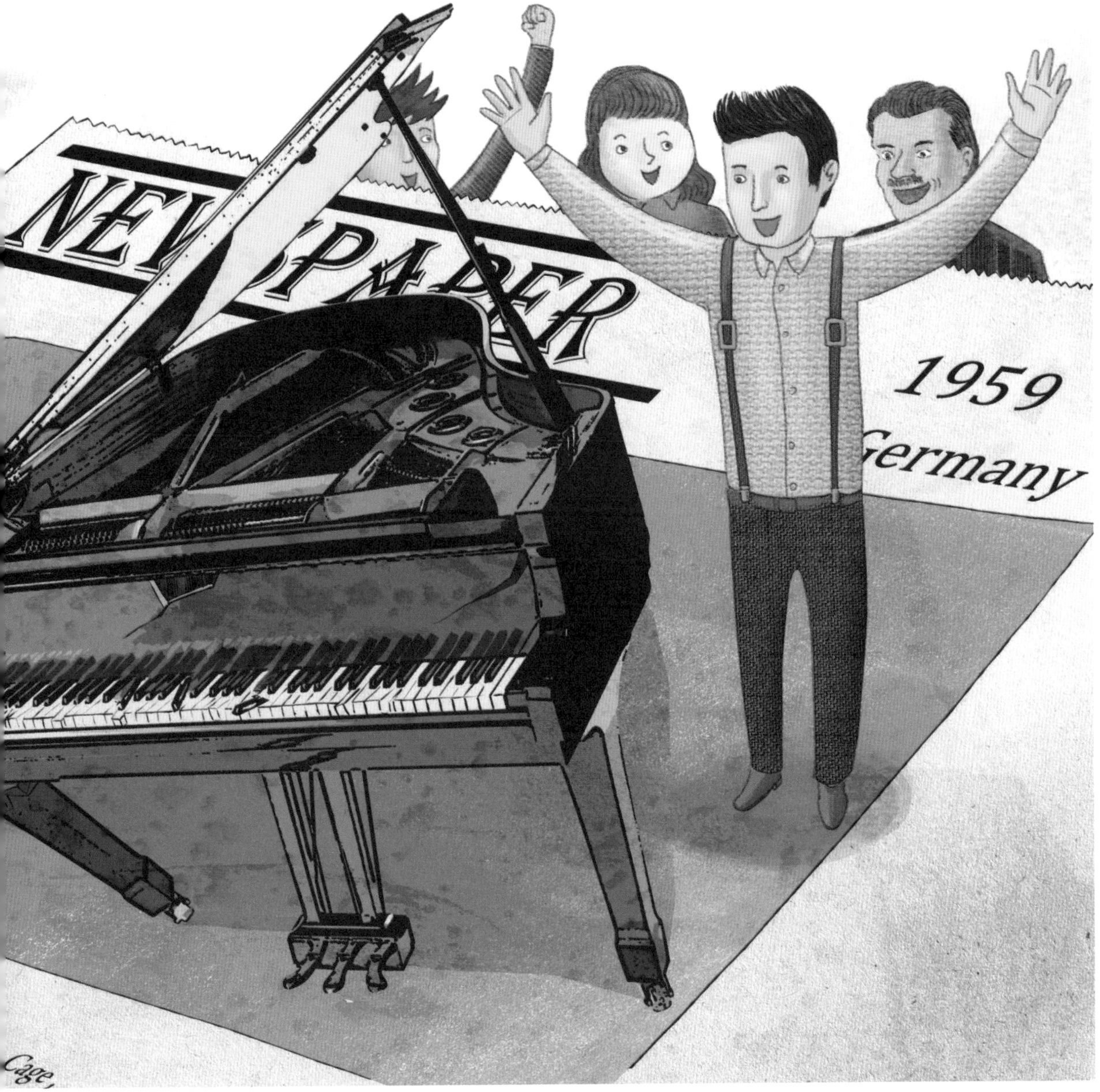
1959
Germany

존 케이지로부터 벗어나다

첫 번째 연주회를 성공리에 끝낸 백남준은 자신감이 생겼습니다. 그러나 한편으로는 마음 쓰이는 것이 있었습니다.

"존 케이지 음악과 비슷해."

사람들의 그런 수군거림이었습니다.

백남준도 그 점이 고민이었습니다. 한술 밥에 배부를 리는 없지만 그런 흠이 있었던 것입니다.

그 이듬해입니다.

백남준을 아끼는 친구가 자신의 공연장에 존 케이지와 백남준을 함께 초대했습니다.

이 자리에서 백남준은 ‘피아노포르테 소곡’을 공연했습니다. 이를 보기 위해 청중들이 가득 모여들었습니다. 물론 존 케이지도 와 있었습니다.

드디어 무대 위에 백남준이 나타났습니다.

인사를 마치자, 백남준은 쇼팽의 피아노 곡 한 소절을 점잖게 쳤습니다. 백남준의 연주를 아는 이들은 의아해하였습니다. 이렇게 또박또박 남의 피아노 곡이나 치는 백남준이 아님을 알았기 때문입니다.

“우리를 실망시킬 건가!”

누군가가 소리쳤습니다.

그때를 기다렸다는 듯 백남준이 벌떡 일어섰습니다. 피아노를 한 바퀴 돌아 접시 위에 놓인 가위를 집어 들었습니다. 그러더니 무대에서 껑충 뛰어내렸습니다. 청중석으로 돌진해 들어가는 백남준에게서 청중들은 눈을 떼지 못했습니다.

백남준은 존 케이지 앞에 우뚝 서더니 케이지의 윗옷을 다

짜고짜 걷어 올렸습니다.

"대체 어쩌려고 이러나?"

케이지가 옆으로 몸을 비켰습니다.

백남준은 케이지의 속옷을 가위로 뭉텅 베었습니다. 청중들을 향하여 베어 낸 속옷을 번쩍 들어 올렸습니다.

"와아아아!"

청중들이 환호했습니다.

이번에는 케이지의 넥타이가 눈에 거슬렸습니다. 그것도 댕강 잘랐습니다. 이 느닷없는 퍼포먼스에 케이지도 놀랐고, 청중들도 놀랐습니다.

무대로 돌아온 백남준은 테이프 리코더를 틀었습니다.

청중들은 '웬 녹음테이프!', '케이지가 울고 가겠어!', '재미 만점이야!', '놀랄 놀 자일세!' 하며 조롱하기도, 기뻐 소리 지르기도 했습니다. 그런 뜻밖의 말소리들이 몇 소절의 피아노곡과 백남준의 몸이 만들어 내는 것들과 어우러졌습니다.

이윽고 백남준은 칠판으로 다가가 분필로 글을 썼습니다.

'Are you a gentlemen?' (gentleman이 맞는 글자임)

청중들은 이 장난꾸러기 예술가의 엉터리 글씨를 보고 또 한바탕 웃었습니다.

"하하하!"

이 공연으로 백남준은 존 케이지로부터 완전히 독립을 하였습니다.

텔레비전을 무대 위에 세우다

저녁이 되면 다들 텔레비전 앞에 둘러앉아 텔레비전을 봅니다. 그런데 그때만 해도 독일엔 텔레비전 방송국이 하나뿐이었습니다. 그러니 싫든 좋든 방송국에서 일방적으로 보내 주는 똑같은 내용만 보아야 했습니다. 백남준은 이런 텔레비전이 싫었습니다.

'나도 텔레비전에 말을 걸 순 없을까?'

백남준의 고민이 또 시작되었습니다.

"텔레비전을 전시장으로 끌어들여 보자!"

사람이 텔레비전과 전화하듯 서로 주거니 받거니 소통하는 모습을 보여 주고 싶었습니다. 이제 백남준에게 텔레비전은 피아노를 대신하는 악기이며 캔버스가 되었습니다.

'실험 텔레비전'이라는 전시회는 부퍼탈에서 열렸습니다.

백남준은 이 전시회를 위해 방을 세 개 빌렸습니다. 그리고 12대의 텔레비전을 방마다 설치했습니다. 물론 이 전시회의 주인공은 텔레비전입니다. 백남준은 텔레비전에 꽂은 줄을 여기저기 방바닥에 늘어놓았습니다. 관객들이 지나가는 길목에

밟기 좋도록 스위치도 달았습니다.

이윽고 오후 6시. 다들 퇴근 후 집에 돌아와 텔레비전을 볼 시각입니다. 그 시각에 맞추어 전시회의 문이 열렸습니다.

"아이들과 함께 들어와도 좋소!"

백남준은 어른, 아이 가리지 않았습니다.

이윽고 전시회에 찾아온 사람들이 건물 안으로 들어섰습니다. 켜져 있는 텔레비전을 구경하던 사람들이 모르고 줄에 달려 있는 스위치를 밟았습니다.

"에구머니나!"

빵모자를 쓴 아이가 깜짝 놀라 뒤로 물러섰습니다.

달려가던 기차가 사라지고, 사자가 으르렁대며 텔레비전 화면에 나타났기 때문입니다.

또 누군가 스위치를 밟자 비행기 이륙하는 요란한 소음이 났습니다. 그러더니 지지지지, 코를 골며 그만 푹 꺼집니다.

그때 눈치 빠른 갈래머리 계집아이가 또 하나의 텔레비전 스위치를 콱 밟았습니다.

뉴스 화면이 꺼지고, 번쩍번쩍 불꽃이 튀어 올랐습니다.

"불꽃놀이야. 내가 화면을 바꾸었다고!"

갈래머리 아이가 즐겁다는 듯 손뼉을 쳤습니다.

이번에는 피아노를 건드렸습니다. 그러자 천장에서 바이올린이 뚝 떨어졌습니다. 누군가 벽에 손을 대자, 죽었던 라디오가 켜지고, 매달린 전구의 불빛이 깜박거리더니 꺼졌습니다.

"내 손이 닿으면 신기하게도 모든 게 바뀌어!"

재미있다는 듯 사람들이 소리쳤습니다.

이곳에서는 전시 작품이 보이기만 하는 것이 아니었습니다. 구경거리로 보기만 하는 것도 아니었습니다. 밟거나 건드려 주기만 하면 작품은 전혀 뜻밖의 모습으로 바뀌었습니다. 적어도 여기서만은 그것이 가능했습니다.

물고기가 하늘을 날다

독일에서 활동하던 백남준은 미국으로 건너갔습니다. 이곳에서 백남준은 비디오 예술에 관심을 가졌습니다.

마침 뉴욕 '전자 미술전'에서 작품을 내 달라는 부탁을 받았습니다. 백남준은 아직 누구도 만든 적 없는 비디오 예술 작품을 내기로 했습니다.

"그래, 내가 비디오 아트의 창시자가 되는 거야."

백남준은 'TV 부처'라는 작품을 만들어 냈습니다.

부처 앞에 나란히 텔레비전과 카메라를 놓은 작품입니다.

'싫든 좋든 방송국에서 보내 주는 것만 보아야 하는 텔레비전은 어쩌면 위험한 짐승과 같을지도 몰라.'

부처는 그 문제를 깊이 생각합니다. 그 모습은 앞에 놓인 카메라에 찍혀 텔레비전 브라운관에 그대로 나타납니다. 부처는 브라운관에 나타난 자신의 얼굴을 마주 보고 있습니다.

"저기 비친 저 얼굴은 누구의 얼굴일까?"

이를 골똘히 지켜보던 한 신사가 옆 사람에게 물었습니다. 그도 고개를 젓습니다. 브라운관에 비친 부처의 얼굴은 코드가 끊기면 금방 사라지고 마는 얼굴입니다.

"우리 미술관에 이 작품을 설치하고 싶소."

신사는 끝내 그 작품을 샀습니다. 그는 네덜란드 미술관에서 온 사람이었습니다. 그는 백남준의 이 비디오 아트를 높이 칭찬했습니다. 이때부터 백남준의 비디오 예술은 세상에 알려지기 시작했습니다.

이번에는 또 다른 화랑에서 백남준을 초대했습니다.

백남준은 작품을 보러 오는 이들과 함께 어우러지는 작품을 만들고 싶었습니다. 이왕이면 세상을 뒤집어엎을 만큼 재미난 작품을 말입니다.

작품 구상이 끝나자, 백남준은 컬러 텔레비전 20대를 전시회장에 가져갔습니다. 그리고 그것들을 한 대 한 대 천장에 거꾸로 매달았습니다.

전시회가 시작되었습니다. 전시장의 문도 열렸습니다. 전시장에 들어선 사람들은 사방을 두리번거렸습니다. 작품이 보이지 않았기 때문이었습니다.

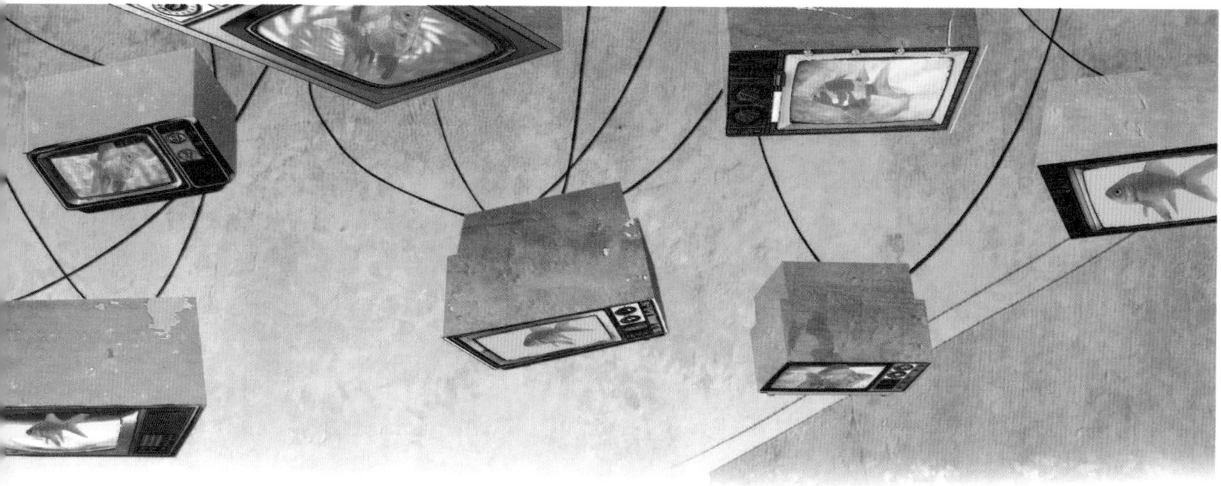

"천장을 보아요. 물고기가 하늘을 날고 있어요!"

누군가 천장에 매달린 텔레비전을 가리켰습니다.

그제야 고개를 젖혀 천장을 쳐다봤습니다.

색색의 예쁜 열대어들이 브라운관 속을 헤엄치고 있었습니다.

"누워서 보는 게 좋겠군."

누군가 그렇게 말하고 바닥에 누웠습니다. 그러자 하나둘 바닥에 누웠습니다. 누워서 보니 텔레비전에 나오는 물고기가 정말 하늘을 나는 것 같았습니다.

이번에는 개울을 따라 강아지 두 마리가 달려갑니다.

"달리는 강아지를 보니, 내가 하늘에 떠 있는 것 같아!"

엄마를 따라온 아이가 소리쳤습니다.

"어머나, 그렇구나!"

텔레비전을 매달아 놓으니 천장이 바다도 되고, 땅도 되었습니다. 이 작품이 유명한 「물고기가 하늘을 날다」입니다.

백남준의 손을 거치면 이렇게 텔레비전도 재미난 예술 작품이 되었습니다. 백남준은 그렇게 '비디오 아트'의 창시자가 되었습니다.

세계는 한 가족이다

'동양과 서양은 결코 하나가 될 수 없다.'

영국 시인 키플링이 쓴 시의 한 줄입니다.

동양을 얕보는 글이었습니다.

동양과 서양이란 살고 있는 곳이 한쪽은 동쪽이고 또 한쪽은 서쪽이라는 뜻입니다. 그런데 그것만으로 동양을 얕보고 무시한다는 건 참을 수 없는 일입니다.

"키플링은 틀렸어. 세계는 오직 하나야."

백남준은 그의 생각이 틀렸다는 것을 예술로 보여 주고 싶

東
West
Bye.Bye
KIPLING

었습니다.

세계가 한 가족이라는 걸 표현하기 위해 위성을 사용하기로 했습니다. 백남준은 네모난 캔버스에서 벗어나고, 네모난 방에 갇혀 있는 전시장에서 벗어나기로 했습니다. 동양과 서양을 떠나 더 큰 우주를 예술의 전시장으로 삼고 싶었습니다.

뉴욕과 도쿄와 우리나라 서울에서 위성을 통하여 작품을 중계하기로 했습니다.

그때 우리나라는 1986년 아시안 게임이 진행 중이었습니다. 그런 일로 도쿄에서 중계를 하기로 했습니다.

한강을 건너지르는 다리 위로 일본의 마라톤 선수가 달립니다. 한국의 사물놀이가 펼쳐지고, 한국의 널뛰기, 고싸움, 그리고 원색의 옷을 입은 무당의 춤이 비디오로 전 세계에 전해집니다. 그 사이사이로 서양의 전자 피아노 음악과 팝송이 흘러나옵니다.

"골라! 골라!"

"청바지도 있어! 골라! 골라! 남방도 있어! 골라! 골라!"

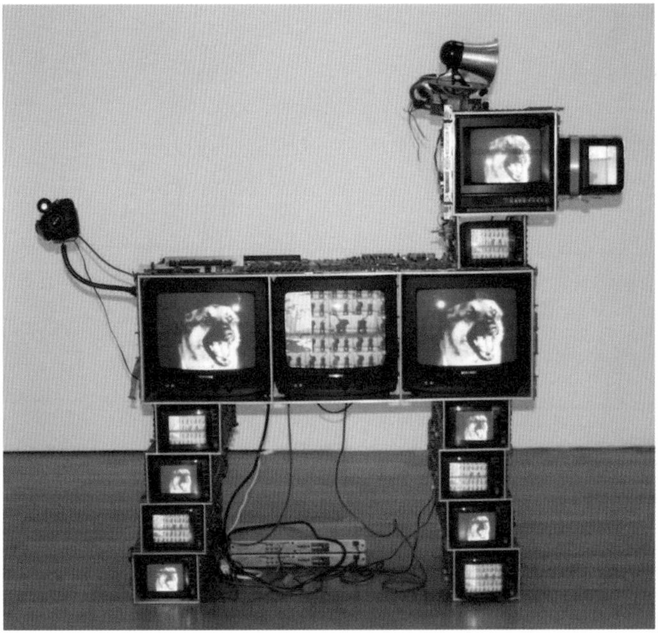

「**워치독 II**」 | 백남준의 대표적인 작품 「워치독 II」(1997년 작)입니다. 여러 대의 텔레비전으로 강아지 모양을 만들었습니다.

다다익선 | 1988년 서울 올림픽을 기념하여 백남준이 만든 비디오 탑입니다.

어디서 많이 보던 모습입니다. 남대문 시장에서 자기네 상품을 사 달라고 손뼉을 치며 사람들을 끄는 모습입니다.

일본의 마라톤 선수는 지금도 화면 속을 달리고 있습니다. 뚱뚱한 스모 선수가 게임을 합니다. 그의 우람한 모습이 화면 가득 들어옵니다. 그가 번쩍 상대 선수를 쓰러뜨립니다. 또다시 일본의 오래된 절이 나오고, 그 안에서 조용히 기도 드리는 스님들의 모습이 나옵니다.

한국의 부채춤이 화면을 아름답게 수놓습니다. 두 개로 나

남 대 문 시

눠진 화면에 뉴욕의 누군가가 사과를 들고 나와 나누어진 이쪽 화면으로 사과를 건넵니다. 도쿄의 누군가가 그 사과를 받습니다. 정말 한순간의 일입니다. 이렇게 짧은 순간 서양과 동양은 서로 통했습니다.

금발 머리의 딕 캬벳이 말합니다.

"우리가 외국인을 보면 그 얼굴이 그 얼굴같이 비슷비슷해 보입니다. 외국인들도 우리를 보면 그렇겠지요."

이 목소리도 전 세계로 퍼져 나갑니다.

"만약 지구 밖에 있는 우주인이 우리를 본다면 그들은 동양과 서양 사람을 어떻게 볼까요? 쌍둥이로 보겠지요?"

맞습니다. 우주인이 보면 지구에 사는 사람들은 마치 한 부모의 자식처럼 서로 비슷비슷할 것입니다.

세계는 울타리 없는 한 가족이라는 것을 백남준은 이렇게 미리 알아챘던 것입니다. 이것이 천재 예술가의 작품 '바이 바이 키플링'입니다.

로봇을 사랑하다

"안녕하세요? 제 이름은 K456입니다."

백남준이 만든 로봇이 모자를 벗고 인사를 했습니다.

미국 휘트니 미술관, 백남준의 예술 작품을 구경하러 온 사람들은 로봇의 귀여운 인사가 반가웠습니다.

"안녕! K456!"

파란 눈의 아이가 로봇 앞으로 다가가 악수를 청했습니다. 그러자 로봇 K456이 고맙다는 듯 손을 내밀었습니다.

인사를 마치자, 로봇이 미술관 바깥으로 천천히 걸어 나갔

습니다. 아이들도 어른들도 K456의 뒤를 따라 나갔습니다.

겨우 몇 발자국을 걸었는데 로봇은 배가 고픈지 주머니에서 콩을 꺼내 입안에 잔뜩 집어넣었습니다. K456이 다시 걸어갔습니다.

"배가 부른가 봐요! 로봇이 똥을 싸고 있어요!"

로봇을 따라가던 아이가 소리쳤습니다.

그러고 보니 K456의 엉덩이에서 누런 똥이 나오고 있었습니다. 콩을 먹은 콩똥이었습니다.

"아휴, 냄새!"

"로봇의 똥은 냄새도 독하지!"

따라가던 사람들이 손사래를 쳤습니다.

"뭐, 내 똥 냄새가 독하다고!"

K456이 주머니에서 콩을 한 줌 꺼내 따라오는 사람들에게 뿌려 댔습니다. 사람들은 허겁지겁 피했습니다. 콩을 맞은 사람들은 정말이지 똥 맞은 기분이었습니다.

으스대며 걷던 K456이 잘난 체하며 횡단보도를 건넜습니다.

로봇 교통사고 행위 예술 | 1995년 9월, 백남준이 서울의 청담동 거리에서 「21세기에 일어나는 로봇 교통사고」라는 행위 예술을 하는 모습입니다.

"끼이이이익……."

에구머니나! 대체 이걸 어쩌지요? 달려오던 자동차에 치여 그만 로봇 K456이 산산조각 나고 말았습니다.

"아, 이렇게 로봇 K456은 숨을 거두고 말았습니다."

이 어이없는 사건에 백남준이 로봇의 사망 선고를 내렸습니다. 사람이 로봇을 다스리지 못하면 이런 끔찍한 사고가 난다는 것을 보여 주는 순간이었습니다.

fish
Sale

백남준의 로봇에 대한 사랑은 남달랐습니다. 이후에도 그는 로봇 할머니, 로봇 할아버지, 로봇 아기도 만들고, 로봇 장영실, 찰리 채플린도 만들었습니다. 사람의 일을 대신하는 로봇이 아니라 사람처럼 따뜻한 마음을 가진 로봇을 만들었지요.

1996년 백남준은 뇌졸중으로 쓰러졌습니다. 그러나 그는 오뚝이처럼 다시 일어났습니다. 1998년엔 일본의 교토상(과학, 기술, 문화 부문에 공이 큰 사람에게 수여하는 상)을 받았으며, 2000년엔 뉴욕 구겐하임 미술관에서 개인전을 열었습니다.

교토상을 받을 때 백남준은 이렇게 말했습니다.

“나는 그동안 남보다 앞선 것만 해 오느라 괴짜 작가라는 말을 들었습니다. 하지만 나는 그 누구보다 예술을 사랑합니다.”

예술을 아끼고 사랑한 백남준은 2006년 75세를 일기로 조용히 눈을 감았습니다. 음악가요, 화가요, 시인이었던 백남준은 세계적인 비디오 아티스트로 우리들 가슴에 영원히 기억될 것입니다.

백남준의 삶

연대	발자취
1932년(1세)	7월 20일 서울에서 3남 2녀의 막내로 태어나다.
1945년(14세)	경기보통중학교에 입학하다.
1949년(18세)	홍콩에 있는 로이덴 스쿨로 전학하다.
1952년(21세)	일본으로 건너가 도쿄 대학교에 입학, 공부하다.
1956년(25세)	독일로 유학하여 아방가르드 미술가, 작곡가, 시인, 비평가 등을 만나다.
1958년(27세)	독일에서 현대 음악 작곡가 존 케이지를 만나다.
1959년(28세)	첫 작품「존 케이지에게 보내는 경의」를 발표하다.
1960년(29세)	퍼포먼스「피아노포르테 소곡」을 발표하다.
1963년(32세)	독일 부퍼탈에서 첫 개인전「음악의 전시-실험 텔레비전」을 발표하다.
1977년(46세)	비디오 예술가 구보타 시게코와 결혼하다.
1982년(51세)	미국 휘트니 미술관에서「백남준 회고전」을 열다.
1984년(53세)	위성 생방송 퍼포먼스「굿모닝 미스터 오웰」을 발표하다.
1986년(55세)	「바이 바이 키플링」을 발표하다.
1988년(57세)	「손에 손 잡고」 서울 올림픽을 기념하는「다다익선」을 만들다.
1993년(62세)	이탈리아의 베네치아 비엔날레에서 황금사자상을 받다.
1995년(64세)	일본 후쿠오카 아시아 문화상을 받다.
1996년(65세)	뇌졸중으로 쓰러졌으나 곧 회복하다.
1999년(68세)	독일『캐피탈』지가 선정한 세계의 작가 100인에 선정되다.
2000년(69세)	뉴욕 구겐하임 미술관에서 회고전「백남준 세계」를 열다.
2006년(75세)	1월 29일, 미국 마이애미 자택에서 세상을 떠나다.

읽으며 생각하며!

1. 백남준에게 제일 처음 피아노를 가르쳐 주신 분은 누구인가요?

2. 첫 연주회에서 백남준이 무대 밖으로 쫓아낸 악기는 무엇인가요?

3. 다음 (   ) 속에 들어갈 말은 무엇인가요?

백남준은 케이지의 속옷을 가위로 뭉텅 베었습니다. 청중들을 향하여 베어 낸 속옷을 번쩍 들어 올렸습니다.

"와아아아!"

청중들이 환호했습니다.

이번에는 케이지의 (   )가 눈에 거슬렸습니다. 그것도 댕강 잘랐습니다.

4. 다음 밑줄 친 영어 문장에서 틀린 낱말을 찾아 바로 잡아 보세요.

백남준은 칠판으로 다가가 분필로 글을 썼습니다.
'Are you a gentlemen?'
청중들은 이 장난꾸러기 예술가의 엉터리 글씨를 보고 또 한바탕 웃었습니다.

5. 백남준이 무대에서 피아노를 몰아낸 이유는 무엇인가요? 그때 받은 느낌을 써 보세요.

* 다음 글을 읽고 물음에 답하세요.

작품 구상이 끝나자, 백남준은 컬러 텔레비전 20대를 전시회장에 가져갔습니다. 그리고 그것들을 한 대 한 대 천장에 거꾸로 매달았습니다.

6. 백남준이 텔레비전을 천장에 거꾸로 매단 이유와 자신의 생각을 쓰시오.

7. '로봇 K456'을 통해 백남준이 말하고 싶었던 것은 무엇이며, 로봇은 어떤 방향으로 개발되어야 할까요?

풀이

1. 신재덕 선생님

2. 피아노

3. 넥타이

4. gentlemen → gentleman

5. 예시 : 소음도 피아노에서 나오는 음만큼 소중하다고 보았기 때문이다. 오래된 관습을 몰아내는 일이 이처럼 힘들고 어렵다는 것을 느꼈으며 박수를 보내고 싶었다.

6. 예시 : 여태까지 모든 미술 작품들은 벽면에 단정하게 걸어 전시하였으며 서서 감상하였다. 그런 전통적 방식을 백남준은 바꾸고 싶었다. 또한 누워 감상하는 방식이 재미있고 흥미로웠다.

7. 예시 : 백남준은 사람이 로봇을 다스리지 못하면 끔찍한 사고가 난다는 것을 말하고 싶었다. 사람처럼 따뜻한 마음을 가진 로봇 개발이 필요하다.

역사 속에 숨은 위인을 만나 보세요!

B.C. 선사 시대 및 연맹 왕국 시대 | A.D. 삼국 시대 | 698 남북국 시대 | 918 고려 시대 | 1392

연대	한국 인물	한국 사건	세계 사건	세계 인물
2000		고조선 건국 (B.C. 2333)	중국 황하 문명 시작 (B.C. 2500년경)	
500			인도 석가모니 탄생 (B.C. 563년경)	석가모니 (B.C. 563?~B.C. 483?)
400				
300		철기 문화 보급 (B.C. 300년경)	알렉산더 대왕 동방 원정 (B.C. 334)	
100		고조선 멸망 (B.C. 108)		
0				예수 (B.C. 4?~A.D. 30)
300	광개토 태왕 (374~412) 을지문덕 (?~?)	고구려 불교 전래 (372)	크리스트교 공인 (313) 게르만 민족 대이동 시작 (375) 로마 제국 동서로 분열 (395)	
500	연개소문 (?~666) 김유신 (595~673)	신라 불교 공인 (527)	수나라 중국 통일 (589)	
600	대조영 (?~719)	고구려 살수 대첩 (612) 신라 삼국 통일 (676) 대조영 발해 건국 (698)	이슬람교 창시 (610) 수 멸망 당나라 건국 (618)	
800	장보고 (?~846) 왕건 (877~943)	장보고 청해진 설치 (828)	러시아 건국 (862)	
900	강감찬 (948~1031)	견훤 후백제 건국 (900) 궁예 후고구려 건국 (901) 왕건 고려 건국 (918)	거란 건국 (918) 송 태종 중국 통일 (979)	
1000		귀주 대첩 (1019)	제1차 십자군 원정 (1096)	
1100		윤관 여진 정벌 (1107)		칭기즈 칸 (1162~1227)
1200		고려 강화로 도읍 옮김 (1232) 개경 환도, 삼별초 대몽 항쟁 (1270)	테무친 몽골 통일 칭기즈 칸이 됨 (1206) 원 제국 성립 (1271)	
1300	최무선 (1328~1395) 황희 (1363~1452) 세종 대왕 (1397~1450) 장영실 (?~?)	문익점 원에서 목화씨 가져옴 (1363) 최무선 화약 만듦 (1377) 조선 건국 (1392)	원 멸망 명 건국 (1368)	
1400		훈민 정음 창제 (1443)	잔 다르크 영국군 격파 (1429) 구텐베르크 금속 활자 발명 (1450)	
1500	신사임당 (1504~1551) 이이 (1536~1584) 허준 (1539~1615) 유성룡 (1542~1607)	임진왜란 (1592~1598) 한산도 대첩 (1592)	코페르니쿠스 지동설 주장 (1543) 도요토미 히데요시 일본 통일 (1590)	
1600	한석 (1543~16 이순 (1545~15 오성 한음 (오성 155 1618 / 한음 1561 1613)	허준 동의보 완성 (1610) 병자 호란 (1636) 상평 통보 전국 유통 (1678)	독일 30년 전쟁 (1618) 영국 청교도 혁명 (1642~16 뉴턴 만유 인력의 법칙 발견 (1665)	

B.C. 고대 사회 | A.D. 375 중세 사회 | 1400

정약용 (1762~1836) 김정호 (?~?)				주시경 (1876~1914) 김구 (1876~1949) 안창호 (1878~1938) 안중근 (1879~1910)		우장춘 (1898~1959) 방정환 (1899~1931)	유관순 (1902~1920) 윤봉길 (1908~1932)	이중섭 (1916~1956)		백남준 (1932~2006)		이태석 (1962~2010)				
이승훈 천주교 전도 (1784)			최제우 동학 창시 (1860) 김정호 대동여지도 제작 (1861)	강화도 조약 체결 (1876) 지석영 종두법 전래 (1879)	갑신정변 (1884)	동학 농민 운동, 갑오개혁 (1894) 대한제국 성립 (1897)	을사조약 (1905) 헤이그 특사 파견, 고종 퇴위 (1907)	한일 강제 합방 (1910) 3·1 운동 (1919)	어린이날 제정 (1922)	윤봉길·이봉창 의거 (1932)	8·15 광복 (1945) 대한민국 정부 수립 (1948)	6·25 전쟁 (1950~1953)	10·26 사태 (1979)	6·29 민주화 선언 (1987) 서울 올림픽 개최 (1988)	북한 김일성 사망 (1994)	의약 분업 실시 (2000)
조선 시대					1876 개화기		1897 대한 제국	1910 일제 강점기				1948 대한민국				
1700	1800	1850	1860	1870	1880	1890	1900	1910	1920	1930	1940	1950	1970	1980	1990	2000
근대 사회							1900 현대 사회									
미국 독립 선언 (1776) 프랑스 대혁명 (1789)	청·영국 아편 전쟁 (1840~1842)		미국 남북 전쟁 (1861~1865)	베를린 회의 (1878)	청·프랑스 전쟁 (1884~1885)	청·일 전쟁 (1894~1895) 헤이그 평화 회의 (1899)	영·일 동맹 (1902) 러·일 전쟁 (1904~1905)	제1차 세계 대전 (1914~1918) 러시아 혁명 (1917)	세계 경제 대공황 시작 (1929)	제2차 세계 대전 (1939~1945)	태평양 전쟁 (1941~1945) 국제 연합 성립 (1945)	소련 세계 최초 인공위성 발사 (1957)	제4차 중동 전쟁 (1973) 소련 아프가니스탄 침공 (1979)	미국 우주 왕복선 콜럼비아호 발사 (1981)	독일 통일 (1990) 유럽 11개국 단일 통화 유로화 채택 (1998)	미국 9·11 테러 (2001)
워싱턴 (1732~1799) 페스탈로치 (1746~1827) 모차르트 (1756~1791) 나폴레옹 (1769~1821)	링컨 (1809~1865) 나이팅게일 (1820~1910) 파브르 (1823~1915) 노벨 (1833~1896) 에디슨 (1847~1931)	가우디 (1852~1926)	라이트 형제 (형, 윌버 1867~1912 / 동생, 오빌 1871~1948) 마리 퀴리 (1867~1934) 간디 (1869~1948)	아문센 (1872~1928) 슈바이처 (1875~1965) 아인슈타인 (1879~1955)	헬렌 켈러 (1880~1968)			만델라 (1918~2013) 테레사 (1910~1997)	마틴 루서 킹 (1929~1968)		스티븐 호킹 (1942~2018)	오프라 윈프리 (1954~) 스티브 잡스 (1955~2011) 빌 게이츠 (1955~)				

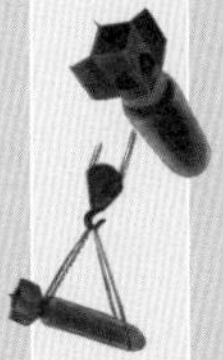

2021년 1월 25일 1판 3쇄 **펴냄**
2014년 2월 25일 1판 1쇄 **펴냄**

펴낸곳 (주)효리원
펴낸이 윤종근
글쓴이 권영상 · **그린이** 강우권
사진 제공 연합뉴스
등록 1990년 12월 20일 · **번호** 2-1108
우편 번호 03147
주소 서울시 종로구 삼일대로 457, 1206호
대표 전화 02)3675-5222 · **편집부** 02)3675-5225
팩시밀리 02)765-5222

잘못 만들어진 책은 구입하신 서점에서 바꾸어 드립니다.
ISBN 978-89-281-0340-9 64990

홈페이지 www.hyoreewon.com